Die Autoren

Zubereitung:

3 Studenten, eine Prise Freizeit, viel Appetit und der Drang zu kulinarischen Selbstverwirklichung

Die Rezepte:

Beilagen

Spaghetti Carbonara

Zutaten:

1 Ei

Parmesan

Pfeffer

130 g Spaghetti

80g Kochspeck

1 Knoblauchzehen

Pro Person

Vorbereitung:

- Einen Topf mit Nudelwasser aufsetzen
- Den Speck in Stücke schneiden
- Parmesan reiben

Zubereitung:

Die Nudeln in den Topf geben und die Speckstücke in einer Pfanne anbraten.

Die Eier in einer grossen Schüssel schaumig schlagen. Sobald die Nudeln al dente sind, das Wasser abseihen und die Nudeln zum Speck in die Pfanne geben. Danach den Parmesan und grosszügig Pfeffer zu der Sauce geben.

Anschliessend die Nudeln und den Speck mit der Sauce vermengen und geniessen.

Gusto Tipps:

Chiliflocken verleihen dem ganzen einen extra Kick.

Bolognese

Zutaten:

1.5 kg Rindsgehacktes

1.5 kg Pelati

600g Knollensellerie

600g Karotten

200g Zwiebel

2 Zehen Knoblauch

300g Tomatenpüree

0.4 L Rotwein

0.7 L Rindsfond

4 Lorbeerblätter

1 Hand voll Oregano

3 Zweige Thymian

12 Portionen

Vorbereitung:

Rindsfond erwärmen

Zwiebeln, Karotten, Sellerie und Knoblauch fein schneiden

Kräuter fein hacken

Zubereitung:

Das Hackfleisch portionenweise in wenig Öl, mit Salz und Pfeffer, in einem grossen Topf anbraten. Herausnehmen und zur Seite stellen.

Zwiebeln im gleichen Topf anschwitzen; Knoblauch, Karotten und Sellerie dazugeben. Das Gemüse einige Minuten mitdünsten. Tomatenpüree beigeben und rösten. Dabei immer wieder die Reste am Topfboden abkratzen, damit diese nicht anbrennen.

Das Gemüse mit Rotwein ablöschen, vermengen und diesen einkochen lassen. Danach das Fleisch und die Pelati hinzugeben. Den Topf anschliessend mit Fond auffüllen, bis alles bedeckt ist. Gehackte Kräuter und Lorbeerblätter hinzugeben.

Bei mittlerer Stufe köcheln lassen und gelegentlich umrühren. Zum Schluss mit Pfeffer abschmecken und die Lorbeerblätter entfernen.

Gusto Tipps:

Umso länger die Sauce köchelt desto mehr Geschmack erhält sie.

Spaghetti Tetrazzini

Zutaten:

20 g getrocknete Steinpilze

Bestes Olivenöl

4 Hühnerschenkel

2 Knoblauchzehen

350 g Champignons

200 ml Weisswein

500 g Spaghetti

250 ml Sahne

200 g geriebener Parmesan

Frisches Basilikum

Für 3 Personen

Vorbereitung:

Einen Topf mit Nudelwasser aufsetzten

Backofen auf 200°C vorheizen (HL)

Steinpilze klein schneiden und in einer Schüssel in heissem Wasser einige Minuten einweichen

Pilze & Knoblauch schneiden

Hühnerschenkel auslösen und in Stücke schneiden

Zubereitung:

Die Spaghetti al dente kochen.

Einen Schuss Öl in einem Topf erhitzen und anschliessend das Fleisch beigeben. Das Fleisch ausgiebig salzen & pfeffern, danach sanft anbraten.

Die Steinpilze abseihen und das Pilzwasser auffangen. Die Steinpilze zusammen mit den Champignons und dem Knoblauch in den Topf geben.

Nach 2-3 min den Wein und das Pilzwasser dazugiessen. Hitze reduzieren und köcheln lassen.

Die Sahne hinzugeben und kurz aufkochen.

Spaghetti mit der Sauce, dem ¾ des Parmesans und dem Basilikum vermengen, in eine Auflaufform geben, mit dem restlichen Parmesan bestreuen und anschliessen für ca. 20 min in den Ofen geben.

Gusto Tipps:

Wenn man die letzten 5 min die Grill Funktion aktiviert erhält man eine tolle Kruste!

Cinque Pi

Zutaten:

260 g Nudeln

125 ml Sahne

125 ml Gemüsebrühe

5-6 EL Tomatenmark

50 g Parmesan

Für 2 Personen

Vorbereitung:

Nudelwasser aufsetzen

Die Brühe zum Kochen bringen

Zubereitung:

Die Nudeln in den Topf geben und gleichzeitig die Sahne zur Brühe giessen. Sahne und Brühe leicht köcheln lassen. 2-3 min bevor die Nudeln fertig sind das Tomatenmark und ordentlich Pfeffer zur Sosse geben und verrühren. Den Parmesan beifügen und erneut verrühren.

Gusto Tipps:

Extra viel Sauce!

Ghackts met Hörnle

Zutaten:

500 g Hörnle

600 g Rindshack

200 g Karotten

300g Sellerie

150 g Zwiebeln

1 Knoblauchzehen

2 Lorbeerblätter

3-4 EL Tomatenmark

0.2 l Rotwein

0.9 l Rindsfond

1 Zweig Thymian

Für 4 Personen

Vorbereitung:

Zwiebeln, Sellerie und Karotten klein schneiden

Fond und Nudelwasser aufsetzen

Zubereitung:

Das Rindfleisch in einem grossen Topf mit etwas Öl anbraten, herausnehmen und zur Seite stellen.

Die Zwiebeln und Knoblauch kurz andünsten, das Gemüse beifügen und mitdünsten. Tomatenmark hinzugeben, vermengen und kurz anrösten. Mit dem Rotwein ablöschen und auf etwa die Hälfte einreduzieren.

Das Fleisch untermengen und mit dem Fond aufgiessen. Den Lorbeer hinzugeben und köcheln lassen. Nach ca. 20 min sollte die Sauce die gewünschte Konsistenz erreicht haben.

Die Hörnle gemäss Packungsbeilage al dente kochen.

Dazu passt:

Apfelmus

Gusto Tipps:

Das kalte Apfelmus mit den Nudeln vermischen.

Lachsnudeln

Zutaten:

400 g Nudeln

200 ml Sahne

100 ml Gemüsebrühe

3-4 EL Noilly Prat

3-4 EL Parmesan

200 g Rauchlachs

Frisches Dill

Für 3 Personen

Vorbereitung:

Einen Topf mit Nudelwasser aufsetzen

Zubereitung:

Die Nudeln gemäss Packung al dente kochen.

Die Sahne in einem Topf erwärmen, die Gemüsebrühe und den Noilly Prat hinzufügen und zum Kochen bringen. Das Ganze etwa 10 min köcheln lassen und anschliessend den Parmesan hinzufügen. Die Sauce mit Pfeffer abschmecken.

Den Lachs in Streifen schneiden und zusammen mit der Sauce unter die Nudeln mischen. Auf dem Teller mit frischem Dill garnieren.

Gusto Tipps:

Etwas mehr Lachs kaufen und Lachsbrötchen als Vorspeise geniessen.

Ungarisches Gulasch

Zutaten:

4 Zwiebeln

1 rote Peperoni

800g Rindsragout

100 g Speckwürfel

2 EL edelsüsser Paprika

1 TL scharfer Paprika

5 EL Tomatenmark

2 dl Rotwein

4 dl Rindsfond

2 Kartoffeln

2 Lorbeerblätter

1 Knoblauchzehe

Ein Zweig Thymian

Für 4 Personen

Vorbereitung:

Rindsfond aufsetzen

Zwiebeln & Knoblauch fein hacken

Die Kartoffeln, die Peperoni & das Fleisch in mundgerechte Stücke schneiden

Zubereitung:

Rapsöl in einen Topf geben und erhitzen. Fleisch portionenweise anbraten und beiseitestellen. Speck im Topf dünsten. Zwiebeln, Knoblauch & Peperoni mit dem Fleisch zugeben und dünsten. Paprika darüberstreuen, Tomatenmark beigeben und gut durchmischen. Kurz bei erhöhter Hitze anbraten.

Mit dem Rotwein ablöschen, kurz einkochen und anschliessend mit dem Fond aufgiessen. Die Kräuter beigeben und bei geschlossenem Deckel mindestens 1.5 h schmoren lassen.

Den Deckel entfernen, die Kartoffeln hinzugeben und ca. 20 min einreduzieren. Zuletzt mit Salz und Pfeffer abschmecken.

Dazu passt:

Knöpfle, Spätzle oder Serviettenknödel

Gusto Tipps:

Je länger das Gulasch auf dem Herd bleibt, desto besser.

Pizza Gusto

Zutaten:

500 g Pizzamehl

400 g Mozzarella

6 Prisen Salz

1 Pkg. Trockenhefe

200 ml warmes Wasser

200 ml bestes Olivenöl

400 ml Tomatensauce

Oregano

Toppings

Für 3 Personen

Vorbereitung:

- Den Teig zubereiten und mind. 2h gehen lassen
- Tomatensauce mit dem Oregano in einen Topf geben und einreduzieren

Zubereitung:

Das Mehl in eine grosse Schüssel geben, das Wasser, das Olivenöl und die Trockenhefe hinzufügen und mit einer Gabel ordentlich vermischen. Wenn sich alles zu kleinen Klumpen verbunden hat den Teig aus der Schüssel nehmen und mit den Händen gründlich durch kneten.

Ein wenig Olivenöl in die Schüssel geben, den Teig hineinlegen und mit einem feuchten Geschirrtuch bedecken. So bei Zimmertemperatur für mindestens 2h ruhen lassen.

Die Arbeitsfläche mit Mehl bedecken, den Teig in 3 gleiche Stücke zerteilen und ausrollen. Anschliessend mit Tomatensauce bedecken und nach Wunsch mit Käse und Toppings belegen.

Auf ein Backblech legen und bei maximaler Temperatur bei Heissluft/Unterhitze in den Ofen für ca. 10 - 15 min geben.

Gusto Tipps:

Vor dem Servieren mit etwas frischem Olivenöl beträufeln.

Wisis Brät Brötle

Zutaten:

1 Laib Ruchbrot

500g Brät

Olivenöl

Für 3 Personen

Vorbereitung:

In einer grossen Teflonpfanne etwas Olivenöl erhitzen

Zubereitung:

Den Laib Ruchbrot in ordentliche Scheiben scheiden und das Brät mit einem Messer dick auftragen.

Die bestrichenen Brote mit der Brätseite in die heisse Pfanne geben und anbraten. Zum Testen der Konsistenz des Bräts ein Brätbrotstückchen auseinanderschneiden.

Gusto Tipps:

In das Brät ein wenig Käse einarbeiten und anschliessend mit Haussauce geniessen.

Gemüse Risotto

Zutaten:

350 g Risottoreis

100 ml Weisswein

1.5 l Gemüsebrühe

1 Zwiebel

2-3 EL kalte Butter

50 g Parmesan

Etwa 200 g saisonales Gemüse z.B.:

Stangesellerie

Karotten

Peperoni

Zucchini

Für 3 Personen

Vorbereitung:

Die Zwiebeln und das restliche Gemüse in kleine Würfel schneiden

Die Gemüsebrühe erhitzen

Den Parmesan reiben

Zubereitung:

Ein wenig Olivenöl in einen Topf geben und erwärmen. Die Zwiebeln dazugeben und andünsten. Sämtliches Gemüse hinzufügen und kurz mitdünsten. Den Risottoreis hinzufügen und ebenfalls mitdünsten. Mit Weisswein ablöschen und die Flüssigkeit vollständig einkochen lassen.

Nach und nach mit Gemüsebrühe aufschütten, sodass immer alles leicht bedeckt ist und unter gelegentlichem rühren bei mittlerer Hitze köcheln lassen. Nach etwa 20 min sollte der Reis al dente sein. Dann kalte Butter und anschliessend den Parmesan unterrühren.

Gusto Tipps:

Mehr Risotto ist immer besser.

Schwammerlschmaus

Zutaten:

300 g Hackfleisch

1 EI

50 g Semmelbrösel

300 g Risotto

1 L Rindsfond

30 g getrocknete Steinpilze

50 g Pfifferlinge

Für 3 Personen

Vorbereitung:

Steinpilze klein schneiden und in einer Schüssel in heissem Wasser einige Minuten einweichen

Die Zwiebeln fein schneiden

Die Pfifferlinge reinigen

Die Gemüsebrühe erhitzen

Den Parmesan reiben

Zubereitung:

Das Hackfleisch mit dem Ei und den Bröseln vermengen und in die gewünscht Form bringen. Mit etwas Butter in einer Pfanne anbraten.

Der Risotto wird gleich zubereitet wie das Gemüserisotto, nur wird das Gemüse durch die eingeweichten Steinpilze ersetzt und anstelle der Gemüsebrühe werden das Pilzwasser und Rindsfond verwendet.

In einer separaten Pfanne einen Teil der Zwiebeln in Olivenöl andünsten und anschliessend die Pfifferlinge beifügen und kurz anbraten.

Gusto Tipps:

Um das Ganze zu veredeln können auch noch frische Steinpilze eingearbeitet werden.

Kürbiscrèmesuppe

Zutaten:

400 g Hokkaidokürbis

1 Zwiebel

1 Karotte

50 g Knollensellerie

1 kleine Kartoffeln

800 ml Gemüsebrühe

2-3 EL Curry

Für 3 Personen

Vorbereitung:

Die Gemüsebrühe aufsetzen

Kürbis schälen, ausnehmen und in grobe Stücke schneiden

Kartoffeln, Knollensellerie und Karotten schälen und zerstückeln

Zwiebeln fein schneiden

Zubereitung:

Zwiebeln in einem grossen Topf in etwas Öl andünsten. Das Currypulver darüber streuen und kurz mitdünsten. Die restlichen Zutaten in den Topf geben und mit der Brühe aufgiessen und mit geschlossenem Deckel köcheln lassen.

Solange kochen bis das Gemüse weich geworden ist (ca. 45 min). Mit einem Mixer fein pürieren, gegebenfalls mit Brühe verdünnen.

Dazu Passt:

Croutons

Gusto Tipps:

Vor dem Servieren mit etwas Kernöl und Schlagrahm oder Crème Fraîche verfeinern.

Käsknöpfle

Zutaten:

Knöpfle

1 grosse Zwiebel

100 g Butter

150 g Gruyère

150 g Appenzeller

Für 3 Personen

Vorbereitung:

- Knöpfle für 3 Personen zubereiten
- Die Zwiebel in Streifen schneiden

Zubereitung:

Eine Schicht Knöpfle in eine Form Füllen, mit Käse bestreuen und so fortfahren.

Die Butter in einer Pfanne zum kochen bringen, die Zwiebeln hinzufügen und goldbraun braten.

Dazu passt:

Apfelmus

Gusto Tipps:

Käseliebhaber können die Mischung mit etwas saurem Käse ergänzen.

SKT – Schinkenkäsetoast

Zutaten:

Schinkenscheiben

Käsescheiben

2 Scheiben Toast

Butter

Pro Toast

Zubereitung:

Das Toastbrot buttern, beliebig viel Käse und Schinken zwischen zwei Toasts legen und das ganze in einen Plattengrill geben.

Dazu Passt:

Ketchup

Mayonnaise

Haussauce

Gusto Tipps:

Wenn man das Toastbrot vortoastet kann man seinen SKT noch knuspriger geniessen!

Etwas Curry in den Toast geben.

Fajitas

Zutaten:

500g Poulet Geschnetzeltes

2 Peperoni

1 grosse Zwiebel

100g Käse nach Wahl

2 Avocados

Creme Fraîche

Mais

Weizen Tortillas

Marinade:

80 ml Sonnenblumenöl

3 TL Zitronensaftsaft

1 EL Honig

2 TL Knoblauchpulver

1 TL Paprika Pulver

1 TL Pfeffer

2 TL Kreuzkümmel

Für 3 Personen

Vorbereitung:

- Marinade vorbereiten, mit dem Fleisch in einem Beutel vermengen
- Peperoni und Zwiebeln in feine Streifen schneiden

Zubereitung:

Fleisch in einer grossen Pfanne scharf anbraten. Fleisch herausnehmen und das Gemüse in der gleichen Pfanne anschwitzen und nach einigen Minuten das Fleisch beigeben und kurz mitbraten.

Salat waschen, Käse reiben, Guacamole zubereiten und alles in Schüsselchen auf den vorbereiteten Tisch stellen.

Tortillas nach Angabe auf der Verpackung zubereiten.

Nun kann jeder seinen Tortilla nach belieben belegen.

Gusto Tipps:

Einige Nachos verkrümeln und in den Fajita geben.

Chinesisch

Zutaten:

500 g Hühnergeschnetzeltes

150 g Kefen

150 g Karottenscheiben

50 g Bambussprossen

Sauce:

80 ml Weisswein

80 g Ketchup

1-2 cm Ingwer

15 g Rohrzucker

50 ml Sojasauce

Für 3 Personen

Vorbereitung:

- Die Zutaten für die Sauce in einer Schüssel gut verrühren
- Das Fleisch in einen Beutel geben, etwa 1/3 der Sauce hinzufügen und den Beutel verschliessen, das ganz mindestens 30 min so lassen

Zubereitung:

Den Reis oder die Nudeln gemäss Packung zubereiten.

Die restliche Sauce in einen Topf geben und mit der Brühe in einen Topf geben und etwas einreduzieren.

Das Fleisch in einer Pfanne anbraten und anschliessend herausnehmen und zur Seite stellen.

Das Gemüse in die Pfanne geben und weichkochen. Anschliessend das Fleisch wieder in die Pfanne geben, so weiter kochen bis das Fleisch gar ist.

Dazu passt:

Chinanudeln, Reis

Gusto Tipps:

Ein paar Mandelplättchen oder Stifte anrösten und auf dem Teller über das Essen streuen.

Orientalische Schenkel

Zutaten:

2 Karotten

1 Peperoni

½ Zucchini

1 kleine Zwiebel

200g Couscous

0.5 L Bouillon

4 Hühnerschenkel

Marinade:

Curry

Paprikapulver

Kurkuma

Pfeffer

Olivenöl

Für 2 Personen

Vorbereitung:

- Die Schenkel marinieren und kalt stellen
- Die Bouillon zum kochen bringen
- Das Gemüse klein schneiden

Zubereitung:

Die Hühnerschenkel in einer nichtbeschichteten Pfanne mit etwas Öl bei mittlerer Hitze anbraten. Die Zwiebel und etwas später das restliche Gemüse in einen Topf mit etwas Öl geben und andünsten. Den Couscous in einen dicht verschliessbaren Behälter geben, etwas Olivenöl hinzugeben und gründlich mischen. Das Gemüse und ein zwei Teelöffel Curry dazugeben, mit 200 ml heisser Bouillon aufgiessen, vermengen und verschliessen.

Die Schenkel nachdem sie gar sind zur Seite stellen und die restliche Bouillon in die Pfanne giessen. Die Sauce für einige Minuten einkochen lassen.

Gusto Tipps:

Extra viel Sauce zubereiten und mit dem Couscous vermischen.

Backhendl

Zutaten:

4 Hühnerschenkel

100 g Mehl

150 g Paniermehl

1 Ei

Ca. ½ l Sonnenblumenöl

Für 2 Personen

Vorbereitung:

Die Hühnerschenkel am Gelenk teilen und auslösen

Panierstrasse erstellen:
1. Teller mit Mehl
2. Teller mit gequirltem Ei
3. Teller mit Paniermehl

Eine Pfanne mit etwa 2 cm Öl füllen und dieses erhitzen.

Zubereitung:

Das Fleisch panieren und anschliessend in die Pfanne legen. Für etwa 10 min frittieren, nach der Hälfte der Zeit wenden. Während dem frittieren herausragende Teile mit Hilfe eines Löffels immer wieder mit heissem Öl übergiessen. Anschliessend herausnehmen und mit Küchenpapier das übrige Fett abtupfen.

Dazu passt:

Pommes, Bratkartoffeln, Potatowedges

Gusto Tipps:

Süsskartoffelfries

Rösti

Zutaten:

600 g festkochende Kartoffeln

200 g Speck

3 Eier

Für 3 Personen

Vorbereitung:

- Die Kartoffeln schälen und gegebenfalls den Speck zuschneiden

Zubereitung:

Die Kartoffeln sieden und anschliessend in eine geölte Bratpfanne raffeln und Salz und Pfeffer dazugeben. In der Pfanne etwa 2 min unter Rühren anbraten, anschliessend anpressen und etwa 5 min auf jeder Seite golden braten.

Parallel dazu den Speck anbraten und die Spiegeleier zubereiten.

P.S. Kann auch mit rohen Kartoffeln gemacht werden. Dann einfach mit geschlossenem Deckel bei mittlerer Hitze etwa 10 min auf jeder Seite kochen.

Gusto Tipps:

Den Dotter des Spiegeleis über die Rösti fliessen lassen.

Affoltern-Geschnetzeltes

Zutaten:

600 g Poulet geschnetzeltes

200 ml Sahne

100 ml Rindsbouillon

250 g Champignons

200 ml Weisswein

1 EL Petersilie

1 Zwiebel

1 EL Mehl

Für 3 Personen

Vorbereitung:

Die Bouillon erhitzen

Die Zwiebeln fein schneiden

Die Pilze putzen und in Scheiben schneiden

Zubereitung:

Das Fleisch bei starker Hitze kurz anbraten. Aus der Pfanne nehmen, bevor es Flüssigkeit abgibt.

Die Zwiebeln bei leicht reduzierter Hitze andünsten. Champignons beigeben, mit Mehl bestäuben, gut mischen und mitdünsten.

Mit dem Wein ablöschen und diesen einkochen lassen. Sahne und Bouillon beigeben und erneut einkochen lassen. Das Fleisch zur Sauce geben, abschmecken mit der gehackten Petersilie bestreuen und servieren.

Dazu passt:

Rösti, Chinesen Nudeln, Bandnudeln

Gusto Tipps:

Die Karotten karamellisieren.

Reisauflauf

Zutaten:

600 ml Milch

1 Stück Zitronenschale

1 Pkg. Vanillezucker

200 g Rundkornreis

80 g Butter

4 Eigelb

40 g Zucker

4 Eiweiss

60 g Zucker

Für 3 Personen

Vorbereitung:

Butter weich werden lassen

Den Backofen auf 180°C Heissluft vorheizen

Eier trennen

Zubereitung:

Die Milch mit einer Prise Salz, der Zitronenschale und dem Vanillezucker erwärmen, den Reis waschen, dazugeben und zum Kochen bringen. Unter zeitweisem Rühren bei geringer Hitze ca. 18 min köcheln lassen. Anschliessen vom Herd nehmen, die Zitronenschale herausnehmen und kalt stellen.

Die Butter mit den 40 g Zucker und den Eigelb schaumig rühren und unter den kalten Milchreis heben.

Das Eiweiss leicht anschlagen, mit den 60 g Zucker zu Schnee schlagen und unter die Reismasse heben.

Eine Auflaufform oder einen Topf mit Butter ausstreichen, mit Bröseln oder Zucker ausstreuen. Die Masse in den Topf geben und ca. 25 - 30 min in den Ofen geben.

Dazu Passt:

Himbeerkompott, Zwetschgenröster, Schokosauce

Gusto Tipps:

Wenn man mit der Backzeit variiert, kann man die Konsistenz personalisieren.

Kaiserschmarren

Zutaten:

150 g Mehl

100 ml Milch

100 ml Sahne

6 Eigelb

6 Eiweiss

½ Pkg. Vanillezucker

40 g Zucker

1-2 EL Rum

Für 3 Personen

Vorbereitung:

Den Backofen auf 180°C Heissluft vorheizen

Eier trennen

Zubereitung:

Das Mehl, Die Milch, die Sahne, das Eigelb, den Vanillezucker und den Rum zu einem glatten Teig rühren.

Das Eiweiss leicht anschlagen, mit den 60 g Zucker zu Schnee schlagen und unter den Teig heben.

Die Masse in eine ofenfeste, mit Butter ausgestrichene Pfanne füllen und für ca. 20 min in den Ofen geben.

Den Kaiserschmarren aus dem Ofen nehmen, mit zwei Gabel verzupfen und mit Zucker auf dem Herd karamellisieren.

Auf dem Teller mit Staubzucker bestreuen.

Dazu Passt:

Apfelmus, Zwetschgenröster

Gusto Tipps:

Der Kaiserschmarren kann super vorbereitet werden, einfach mit dem Zerteilen und Karamellisieren bis vor dem Servieren warten.

Sachertorte

Zutaten

180 g Butter

130 g Staubzucker

8 Dotter

8 Eiweiss

½ Pkg. Vanillezucker

180 g Schokolade 65%

130 g Zucker

180 g Mehl

Glasur

140 g Schokolade

70 g Butter

1 Schuss Milch

2 EL Rum

150 g Marillenmarmelade

2 EL Rum

Vorbereitung:

- Schokolade schmelzen
- Butter weich werden lassen
- Eier trennen
- Backofen auf 160°C Heissluft vorheizen

Zubereitung:

Die weich-gewordene Butter zusammen mit dem Staubzucker schaumig rühren, dabei nach und nach die Dotter hinzugeben. Die geschmolzene Schokolade unter die Masse heben.

Das Eiweiss leicht anschlagen und zusammen mit dem Zucker steif schlagen.

Die Eiweissmasse und das Mehl abwechslungsweise unter die Schokomasse heben.

Die Masse in eine Kuchenform giessen und ca. 20 min bei 160°C Heissluft backen.

Den Kuchen horizontal halbieren, Marmelade auf die Schnittfläche auftragen, zusammensetzen und alles mit Marmelade bedecken. Die Glasur gleichmässig auftragen und erhärten lassen.

Für 5-6 Personen

Gusto Tipps:

Mit Schlagsahne geniessen.

Dein Rezept

Zutaten:

Beilagen

Knöpfle

Zutaten:

100 g Mehl

200g Knöpflemehl

0.75 TL Salz

1.5 dl Milchwasser
(½ Milch, ½ Wasser)

3 frische Eier

Etwas Butter

Für 3 Personen

Vorbereitung:

Währenddessen Salzwasser aufsetzen und zum Sieden bringen

Zubereitung:

Das Mehl, das Knöpflemehl und das Salz in einer Schüssel mischen. Milchwasser hinzugeben, die Eier dazugeben. Mit einer Kelle mischen und so lange klopfen, bis der Teig glänzt und Blasen wirft.

Den Teig zugedeckt, bei Raumtemperatur ca. 30 min stehen lassen. Den Teig portionenweise durch das Knöpfli - Sieb streichen. Sobald eine Portion verarbeitet ist und die Knöpfli/Spätzle an die Oberfläche steigen, mit einer Kelle herausnehmen und abtropfen.

Anschliessend in wenig Butter in einer Pfanne anbraten bis sie goldbraun sind.

Ideal zu:

Gulasch, Wildgerichte, Ragout oder als Käsknöpfle

Gusto Tipps:

Vor dem Servieren scharf anbraten.

Serviettenknödel

Zutaten:

250 g Semmelwürfel

2 Eier

300 ml Milch

70 g Butter

60 g Zwiebeln

Petersilie

Salz

Muskatnuss

Für 3 Personen

Zubereitung:

Die Eier, Milch und eine gute Prise Salz und etwas frisch geriebenen Muskat gut miteinander verquirlen. Die Zwiebeln fein würfeln und in heisser Butter glasig anschwitzen. Semmelwürfel, Eiergemisch, Zwiebeln und Petersilie gut miteinander vermengen und den Teig eine Stunde ruhen lassen.

Rollen von 5-6cm Durchmesser formen und auf hitzebeständige Frischhaltefolie geben. Fest einrollen und an den Enden wie eine Wurst abbinden.

Anschliessend in leicht siedendes Wasser legen und in 30-45 Minuten gar ziehen lassen.

Ideal zu:

Gulasch, Wildgerichte oder als Geröstel mit Eier, Speck und Käse anbraten.

Gusto Tipps:

Mit der Muskatnuss nicht sparen.

Gnocchi

Zutaten:

1 Kg mehlige Kartoffeln

100 g Mehl

1 Ei

Vorbereitung:

Kartoffeln kochen & schälen

Einen Topf mit gesalzenem Wasser aufstellen

Zubereitung:

Die Kartoffeln stampfen, wenn kein Stampfer oder Presse vorhanden ist mit einer Gabel zerdrücken. Das Ei & Mehl zur Masse geben und von Hand kneten. Bei Bedarf mehr Mehl hinzugeben und weiterkneten bis die Masse nicht mehr klebt.

Die Masse zu Rollen mit etwa 2 cm Durchmesser formen. Anschliessend in ~3cm lange Stücke schneiden.

Die Gnocchi ins kochende Wasser geben bis sie aufschwimmen. Abschöpfen, auf ein Geschirrtuch legen und anschliessend servieren.

Gusto Tipps:

Vor dem Servieren mit Olivenöl anbraten.

Apfelmus

Zutaten:

1 kg Äpfel

150 ml Wasser

Zitronenschale

1 EL Zitronensaft

Staubzucker

3-4 Nelken

½ Zimtstange

Für 5-6 Personen

Zubereitung:

Die Äpfel schälen, entkernen und vierteln. Alle Zutaten in einen Topf geben und mit geschlossenem Deckel köcheln lassen. Nach etwa 15 min sollten die Äpfel weich sein. Dann die Gewürze entnehmen und die Äpfel wenn vorhanden durch ein Sieb drücken und ansonsten mixen.

Das Mus nach bedarf mit Staubzucker süssen.

Gusto Tipps:

Kalt und mit Zimtpulver bestreut servieren.

Anstelle des Wasser naturtrüben Apfelsaft verwenden.

Himbeerkompott

Zutaten:

600g gefrorene Himbeeren

Zubereitung:

Die Himbeeren in einen kleinen Topf geben und erhitzen, solange auf dem Herd lassen, bis die Beeren zerfallen sind. Mit Zucker abschmecken.

Zwetschgenkompott

Zutaten:

600g gefrorene Zwetschgen

Zubereitung:

Die Zwetschgen in einen kleinen Topf geben und erhitzen, solange auf dem Herd lassen, bis die Zwetschgen zerfallen sind. Mit Zucker abschmecken.